1388

Imprimerie de FORESTIÉ Oncle et Neveu, Place Royale.

PREMIER
ALPHABET

DIVISÉ PAR SYLLABES,

Pour apprendre aux Enfans à épeler en peu de temps.

A MONTAUBAN

FORESTIÉ, LIBRAIRE-PAPETIER,

Place Royale,

Lettres Italiques.

† *A B C D E F G H I J
K L M N O P Q R S T
U V X Y Z Æ OE W.*

† *A a b c d e f g h i j k l m
n o p q r s t u v x y z etc.*

Abréviations.

á am an.	ó om un.
ë em en.	ü um un.
ï im in.	bo bus.

ABCDEFGH
IJKLMNOP
QRSTUVX
YZÆOE

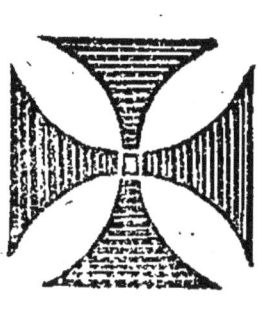

abcdefghijk
lmnopqrstuv
xyz æ œ

etc fi ffi ffi ff fl ff fl p d b l

h o y a m g r k n i x e t l z u p q

Consonnes mises devant les voyelles.

a	e	i	o	u
Ba	be	bi	bo	bu
Ca	ce	ci	co	cu
Da	de	di	do	du
Fa	fe	fi	fo	fu
Ga	ge	gi	go	gu
Ha	he	hi	ho	hu
Ja	je	ji	jo	ju
La	le	li	lo	lu

Ma	me	mi	mo	mu
Na	ne	ni	no	nu
Pa	pe	pi	po	pu
qua	que	qui	quo	quu
Ra	re	ri	ro	ru
Sa	se	si	so	su
Ta	te	ti	to	tu
Va	ve	vi	vo	vu
Xa	xe	xi	xo	xu
Za	ze	zi	zo	zu

Voyelles mises devant les consonnes.

Ab eb ib ob ub ac ec ic oc uc
Ad ed id od ud af ef if of uf
Ag eg ig og ug ah al el il ol ul
Am em im om um ans ens ins
An en in on un ap ep ip op up
Ar er ir or ur as es is os us
At et it ot ut ax ex ix ox ux

Autres Syllabes.

Bac bal bam ban bar bas bat
Cac cal cam can car cas cau
Dac dal dam dan dar das dat dau
Bra bre bri bro bru
Pra pre pri pro pru
Tar ter tir tor tur

L'Oraison Dominicale.

No-tre Pè-re qui ê-tes aux Ci-eux que vo-tre nom soit sanc-ti-fi-é, que vo-tre rè-gne ar-ri-ve, que vo-tre vo-lon-té soit fai-te en la ter-re com-me au ci-el. Don-nez-nous au-jour-d'hui no-tre pain quo-ti-di-en et par-don-nez-nous nos of-fen-ses, com-me nous par-don-nons à ceux qui nous ont of-fen-sés, et ne nous in-dui-sez point en ten-ta-ti-on : mais dé-li-vrez-nous du mal. Ainsi soit-il.

La Salutation Angélique.

Je vous sa-lu-e Ma-ri-e plei-ne de grâce, le Sei-gneur est avec vous; vous ê-tes bé-nie en-tre tou-tes les fem-mes et Jé-sus le fruit de vo-tre ven-tre est bé-ni. Sain-te Marie mè-re de Dieu pri-ez pour nous pau-vres pé-cheurs, main-te-nant et à l'heu-re de no-tre mort. Ain-si soit-il.

Le Symbole des Apôtres.

Je crois en Dieu le Pè-re Tout-puis-sant, Cré-a-teur du Ci-el et de la Ter-re et en Jé-sus-Christ son fils uni-que No-tre Sei-gneur qui a été con-çu du Saint-Esprit, est né de la Vier-ge Ma-rie, a souf-fert sous Pon-ce Pi-la-te, a été cru-ci-fié, est mort et a été en-se-ve-li, est des-cen-du aux en-fers, et le troi-si-è-me jour est res-sus-ci-té des morts, est mon-té aux Cieux est as-sis à la droi-te de Dieu le Pè-re Tout-Puis-sant, d'où il vien-dra ju-ger les vi-vans et les morts. Je crois au Saint-Esprit, la Sain-te Eglise Ca-tho-lique, la Com-mu-nion des Saints, la ré-mis-si-on des pé-chés, la ré-sur-rec-ti-on de la chair, la vi-e é-ter-nel-le. Ain-si soit-il.

La Confession.

Je con-fes-se à Di-eu Tout-Puis-sant, à la bien heu-reu-se Ma-ri-e, tou-jours Vier-ge, à saint Mi-chel Ar-chan-ge, à saint Jean-Bap-tis-te, aux A-pô-tres saint Pier-re et saint Paul, à tous les Saints, que j'ai beau-coup pé-ché par pen-sé-es, par pa-ro-les et par ac-tions: c'est ma fau-te, ma faute, ma très-gran-de fau-te. C'est pour-quoi je sup-pli-e la bien-heu-reu-se M-arie, tou-jours Vi-erge, saint Mi-chel Ar-chan-ge, saint Jean-Bap-tis-te les A-pô-tres saint Pier-re et saint Paul, tous les Saints, de pri-er pour moi le Sei-gneur no-tre Dieu. Ain-si soit-il.

Que Dieu Tout-Puis-sant nous fas-se mi-sé-ri-cor-de, et qu'a-près nous a-voir par-don-né nos pé-chés, nous con-dui-se à la vie é-ter-nel-le. Ain-si soit-il.

Que le Sei-gneur Tout-puis-sant et tout mi-sé-ri-cor-di-eux nous ac-cor-de le par-don, l'ab-so-lu-ti-on et la ré-mis-si-on de nos pé-chés. Ain-si soit-il.

Bénédiction de la Table.

Bé-nis-sez-nous, Sei-gneur; que la main de Je-sus-Christ bénis-se la nour-ri-tu-re que nous al-lons pren-dre † Au nom du Pè-re, et du Fils, et du Saint-Es-prit.

Ain-si soit-il.

Actions de grâces après le Repas.

Nous vous ren-dons grâ-ces pour tous vos bien-faits, Dieu Tout-Puis-sant, qui vi-vez et ré-gnez dans tous les si-è-cles des si-è-cles.

Ain-si soit-il.

LES COMMANDEMENS DE DIEU

De l'Exode, chapitre **20**.

JE suis le Seigneur votre Dieu, qui vous ai tiré de la terre d'Egypte, de la maison de servitude. Vous n'aurez point d'autres Dieux devant moi. Vous ne vous ferez point d'image taillée, ni aucunes figures pour les adorer, ni pour les servir.

II. Vous ne prendrez point le nom du Seigneur votre Dieu en vain.

III. Souvenez-vous de sanctifier le jour du Sabbat.

IV Honorez votre père et votre mère, afin que vous viviez long-temps sur la terre.

V. Vous ne tuerez point.

VI. Vous ne commettrez point de fornication.

VII. Vous ne déroberez point.

VII Vous ne porterez point faux témoignage contre votre prochain.

IX. Vous ne désirerez point la femme de votre prochain.

X. Vous ne désirerez point

sa maison, ni son serviteur, ni sa servante, ni son bœuf, ni son âne, ni rien qui soit à lui.

Les mêmes en vers anciens.

Un seul Dieu tu adoreras.
Et aimeras parfaitement.
Dieu en vain tu ne jureras,
Ni autre chose pareillement.
Les dimanches tu garderas,
En servant Dieu dévotement.
Tes père et mère honoreras,
Afin que tu vives longuement.
Homicide point ne seras,
De fait, ni volontairement.
Luxurieux point ne seras,
De corps, ni de consentement.

Le bien d'autrui tu ne prendras
Ni retiendras à ton escient.
Faux témoignage ne diras,
Ni mentiras aucunement.
L'œuvre de la chair ne désireras
Qu'en mariage seulement.
Le bien d'autrui ne convoiteras,
Pour les avoir injustement.

Les Commandemens de l'Eglise.

Les Fêtes tu sanctifieras,
Qui te sont de commandement.
Les Dimanches la messe ouïras,
Et les Fêtes pareillement.
Tous tes Péchés confesseras,
A tout le moins une fois l'an.

Ton Créateur tu recevras,
Au moins à Pâques humblement.
Quatre temps, Vigiles jeûneras,
Et le Carême entièrement.
Vendredi chair ne mangeras,
Ni le Samedi mêmement.

PSEAUMES PÉNITENTIAUX.
Pseaume 37.

SEIGNEUR, ne me reprenez pas dans votre fureur et ne me châtiez pas dans votre colère

Car vos flèches m'ont percé de toutes parts, et votre main s'est appesantie sur moi.

La crainte que j'ai eue de votre indignation m'a réduit à l'extremité et la vue de mes péchés a jeté le trouble dans toutes les puissances de mon ame.

Parce que je me suis trouvé accablé sous le poids de mes crimes, ils se sont élevés par-dessus ma tête, et j'en ai senti le poids comme celui d'un fardeau que je n'ai pu porter.

La pourriture et la corruption se sont mises dans les cicatrices des maux qui sont les effets de mon égarement.

Rien n'approche de ma misère ; j'ai été humilié jusqu'à souhaiter la mort : la tristesse est peinte sur mon visage.

Mes reins sont remplis d'ulcères qui me font souffrir des douleurs aiguës, et je n'ai aucune partie de mon corps qui ne soit attaquée de quelque maladie.

Je suis tout languissant et dans un abattement extrême ; mon cœur pressé de l'excès de sa douleur, pousse des sanglots et des cris qui ressemblent à des rugissemens.

Seigneur, vous connaissez tous mes désirs, et les gémissemens de mon cœur ne vous sont pas cachés.

Mon cœur est dans le trouble et dans le désordre ; mes forces m'ont abandonné, et mes yeux même ont perdu leur vivacité.

Mes amis et mes plus proches ne se sont approchés de moi que pour me perdre ; ils se sont élevés et déclarés contre moi.

Ceux qui m'étaient liés de plus près se sont éloignés de moi, et ceux qui désiraient ma mort, se sont emportés contre moi avec violence.

Ceux qui cherchaient à me

faire du mal ont inventé tout ce qui pouvait ternir ma réputation; ils s'appliquaient nuit et jour à imaginer quelques nouveaux moyens de me surprendre.

Pour moi, je ne m'arrêtais non plus à les écouter, que si j'eusse été sourd, et je ne leur répondais non plus que si j'eusse été muet.

J'ai été comme un homme sans oreilles, et j'ai fait de même que si je n'avais rien eu à leur répondre.

Parce que j'ai espéré en vous,

Seigneur, vous ferez connaître que vous êtes mon Dieu, et vous exaucerez ma prière.

Je vous ai demandé que vous ne permissiez pas que je devinsse la fable et le jouet de mes ennemis ; et dès-lors qu'ils se sont aperçus que mes démarches étaient moins fermes qu'à l'ordinaire, ils ont commencé à parler contre moi avec orgueil et avec insolence.

Considérez que je suis prêt d'endurer tous les châtimens qui viendront de votre main, et que la douleur que j'ai sentie de vous avoir offensé est toujours présente à mon esprit.

Je confesserai mon iniquité, et mon péché ne sortira point de ma mémoire.

Cependant mes ennemis vivent encore ; ils se fortifient contre moi, et le nombre de ceux qui me persécutent injustement augmente tous les jours.

Ceux qui sont accoutumés à rendre le mal pour le bien, ont apporté leur ingratitude jusqu'à me déchirer par les médisances, par les calomnies, parce que je faisais profession de suivre la voie de la justice et de la vertu.

Vous, Seigneur, qui êtes mon Dieu, ne me délaissez pas, ne vous éloignez pas de moi.

Hâtez-vous de me secourir, vous Seigneur, qui êtes la source et le Dieu de mon salut.

Pseaume 50.

Ayez pitié de moi, mon Dieu, selon votre grande miséricorde.

Et effacez mon iniquité, selon la multitude et l'étendue de vos bontés.

Lavez-moi toujours de plus

en plus de mon iniquité, et purifiez-moi de mon péché.

Car je reconnais mon iniquité, et mon péché toujours présent à mon esprit, me fait de continuels reproches.

Vous connaissez seul la grandeur de mon crime; je ne l'ai commis qu'à vos yeux; mais je l'avoue à la face de toute la terre, afin que vous soyez toujours justifié dans vos paroles, et que vous demeuriez victorieux, lorsque les hommes oseront juger de votre conduite.

Vous savez que j'ai été formé dans l'iniquité, et que ma mère m'a conçu dans le péché.

Vous n'avez laissé d'aimer ma sincérité, et vous m'avez découvert ce qu'il y a de plus caché dans le mystère de votre sagesse

Vous répandrez sur moi avec l'hysope les eaux de votre miséricorde, et je deviendrai pur : vous me laverez, et je deviendrai plus blanc que la neige.

Vous me ferez entendre des paroles de grâce et de consolation, et les puissances de mon ame, que vous avez humiliées, tressailleront de joie.

Détournez vos yeux pour ne plus voir mes offenses, et effacez tous mes péchés

Créez en moi un cœur pur, ô mon Dieu! et renouvelez l'esprit de droiture et de fermeté dans le fond de mon ame.

Ne me rejetez de devant votre présence, et ne retirez pas de moi votre saint-Esprit.

Rendez-moi la joie par le salut que j'attends de vous, et fortifiez-moi par cet Esprit adorable qui règne souverainement sur les cœurs.

J'apprendrai vos voies aux

pécheurs, et les impies se convertiront pour vous être fidèles.

Ô Dieu, ô Dieu mon Sauveur! délivrez-moi du reproche que je sens par le souvenir du sang que j'ai répandu et ma langue chantera avec joie votre justice.

Seigneur, ouvrez donc mes lèvres, afin que ma bouche chante vos louanges.

Si vous eussiez voulu un sacrifice, je vous l'eusse offert; mais je sais que les holocaustes ne vous sont pas agréables.

Le sacrifice qui plaît à Dieu c'est d'avoir l'ame pénétrée de douleur; ô Dieu, vous ne mépriserez jamais un cœur contrit et humilié.

Seigneur, faites sentir à Sion les effets de votre bonté, afin que les murs de Jérusalem se bâtissent.

Alors vous agréerez le sacrifice de justice, les oblations et les holocaustes, et pour lors les victimes seront immolées sur votre Autel.

Gloire soit au Père, au Fils et au Saint-Esprit.

✝ Ainsi soit-il.

www.ingramcontent.com/pod-product-compliance
Lightning Source LLC
Chambersburg PA
CBHW060914050426
42453CB00010B/1723